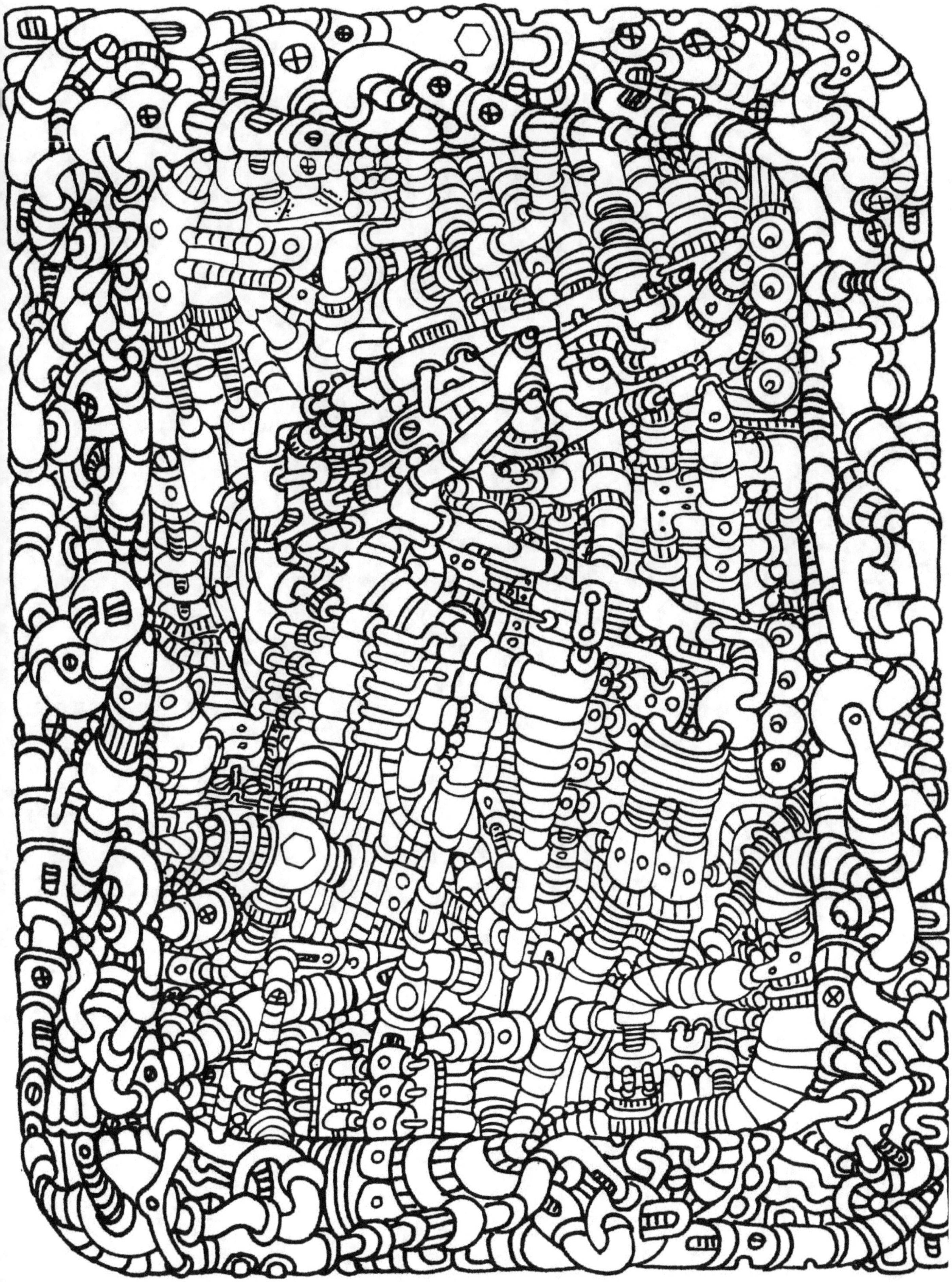

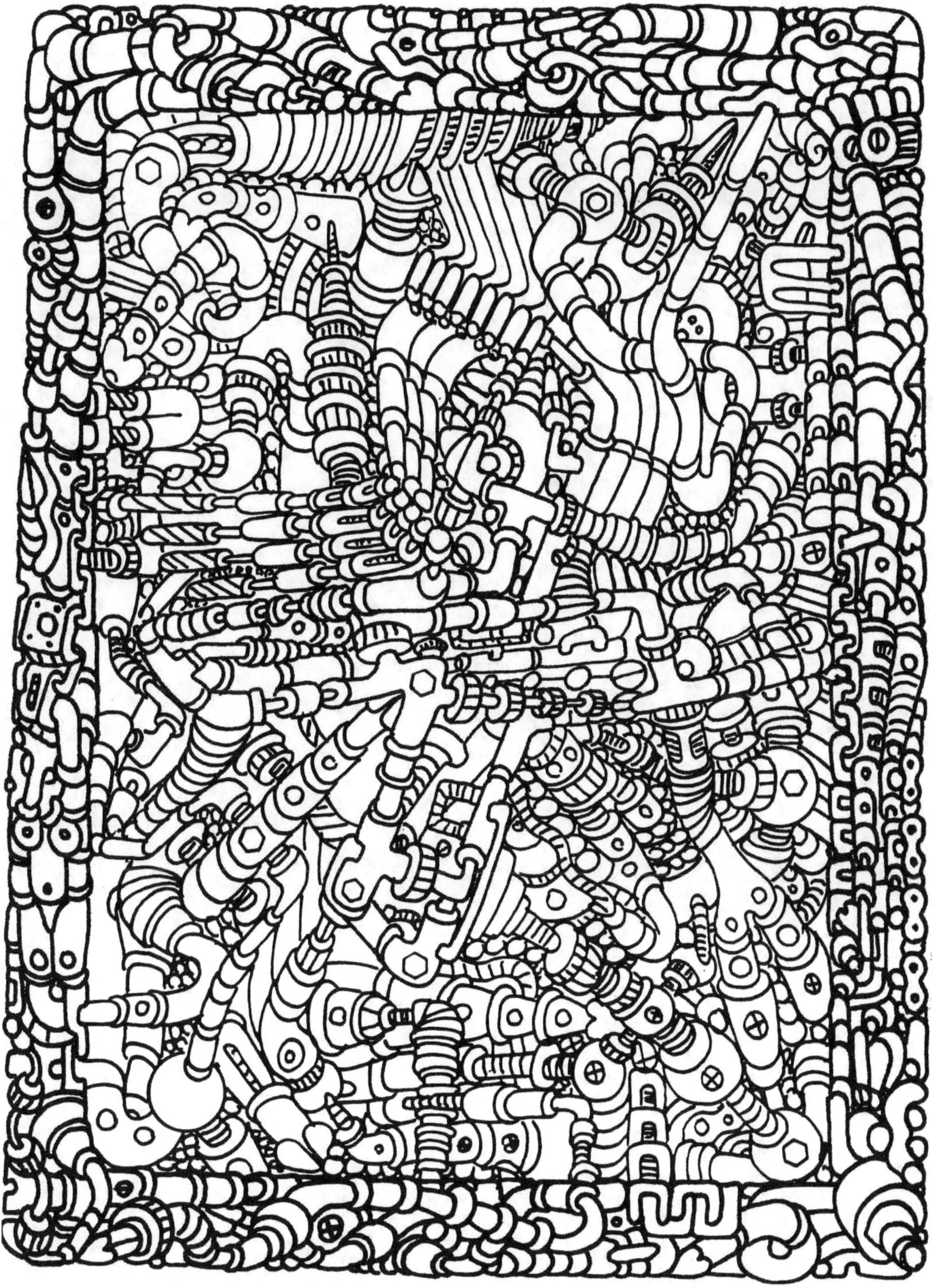

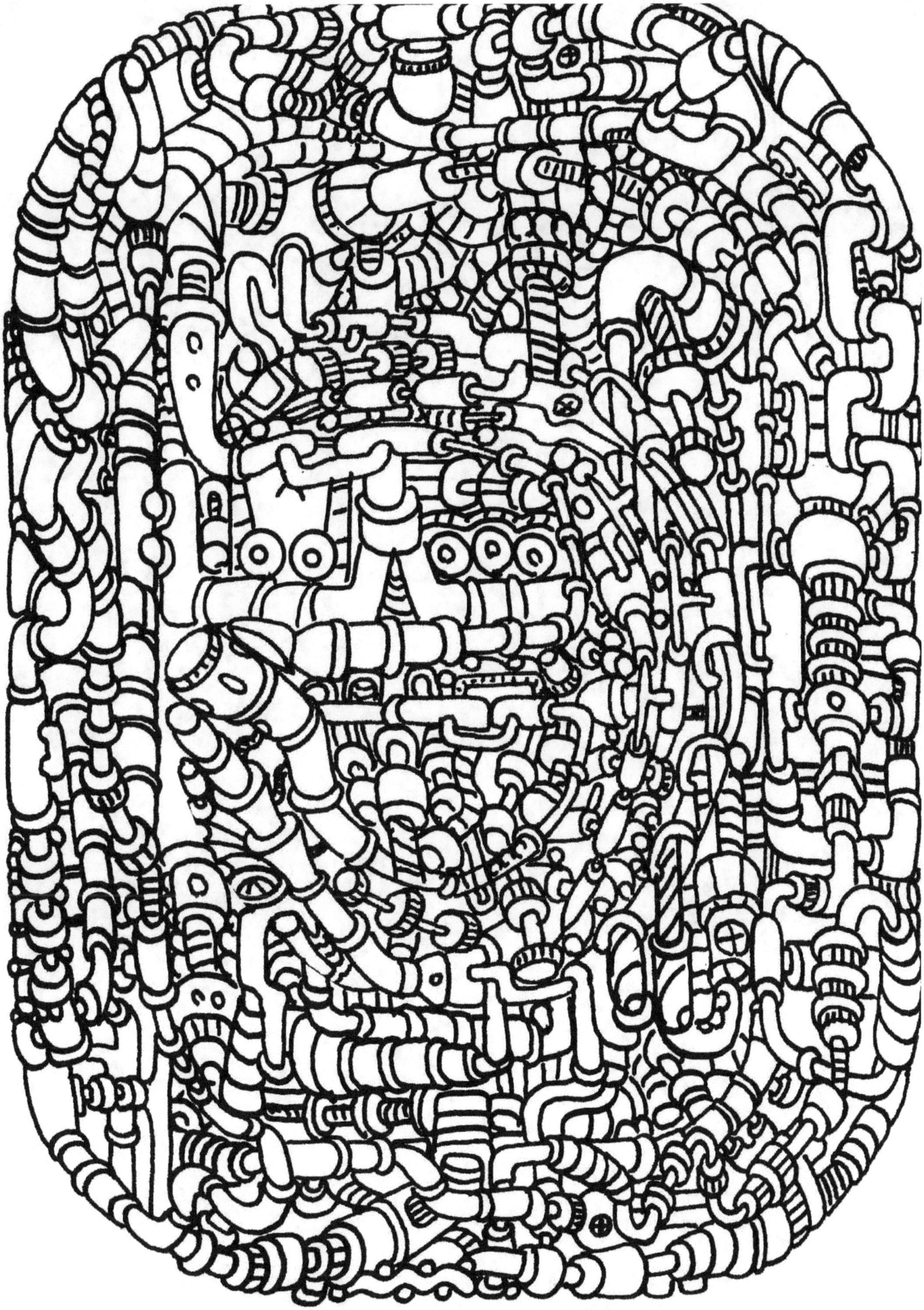

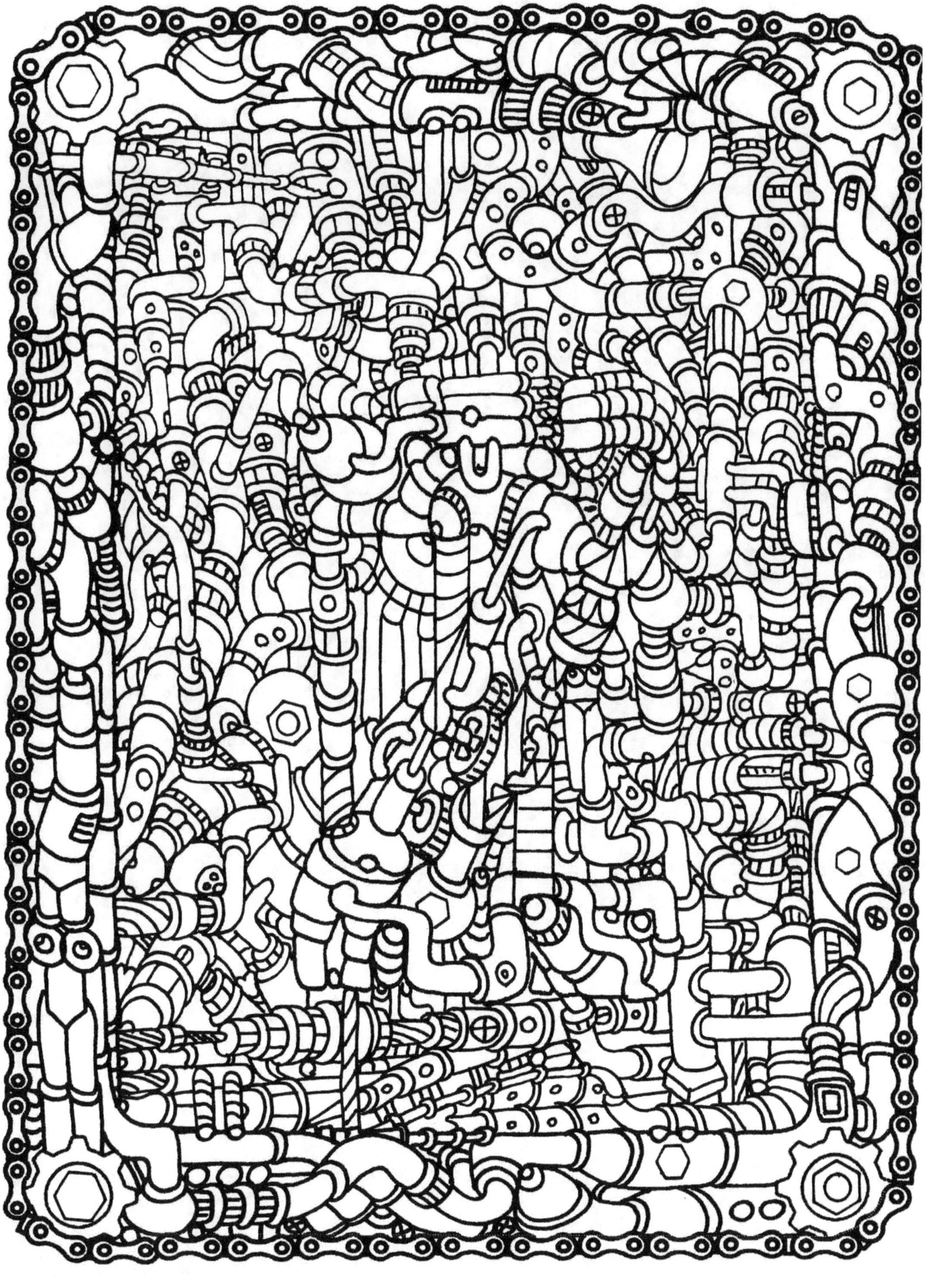

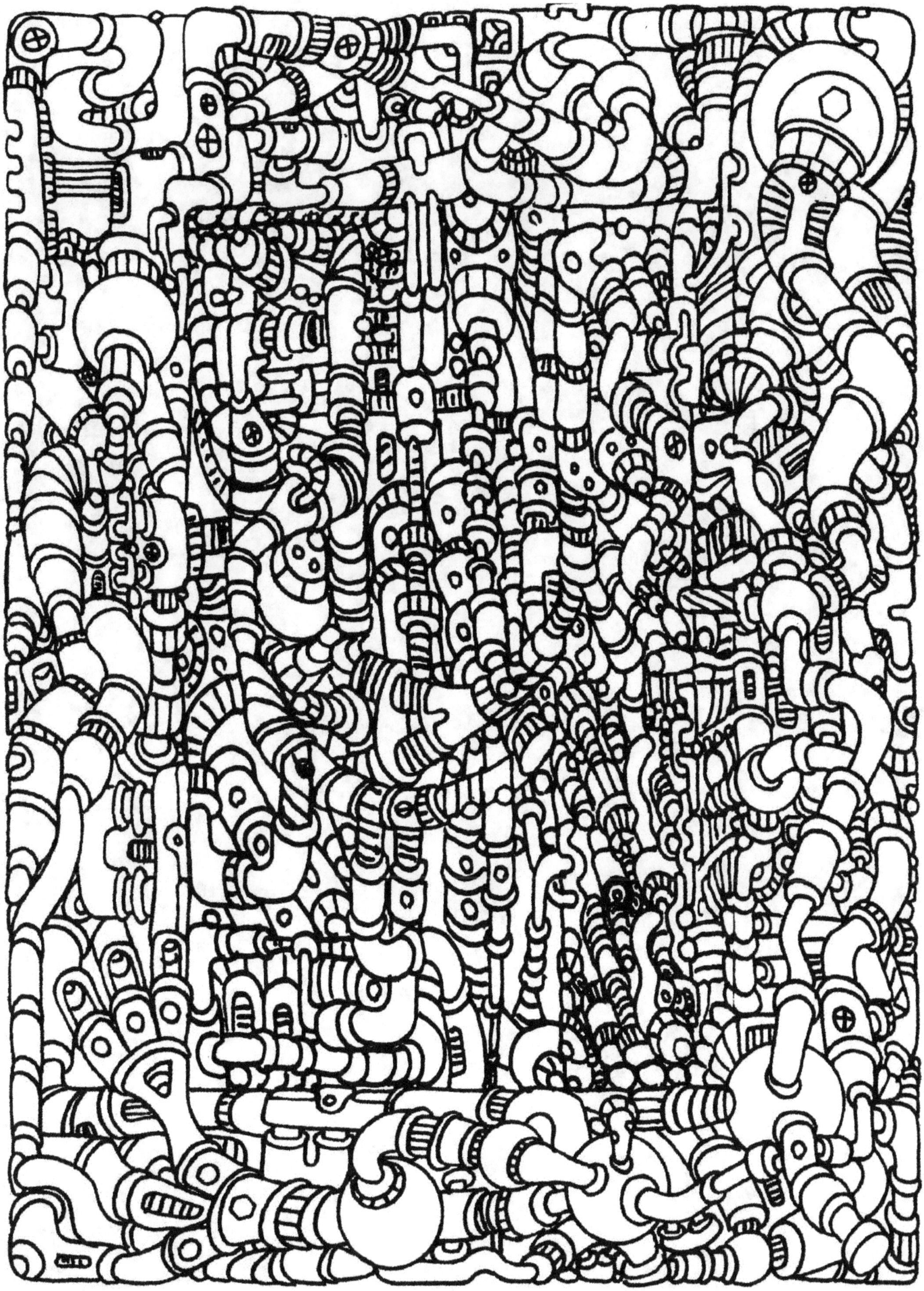

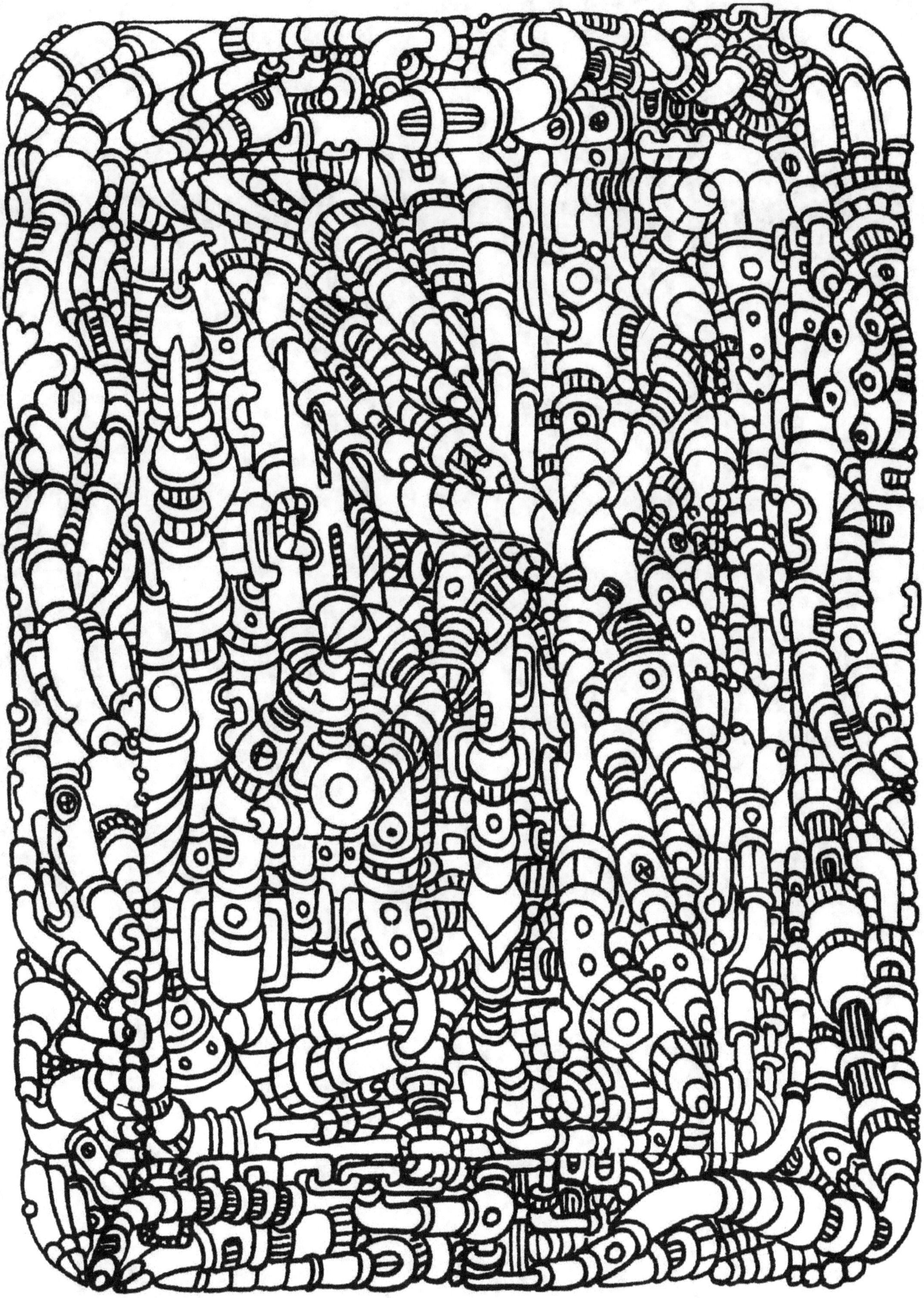

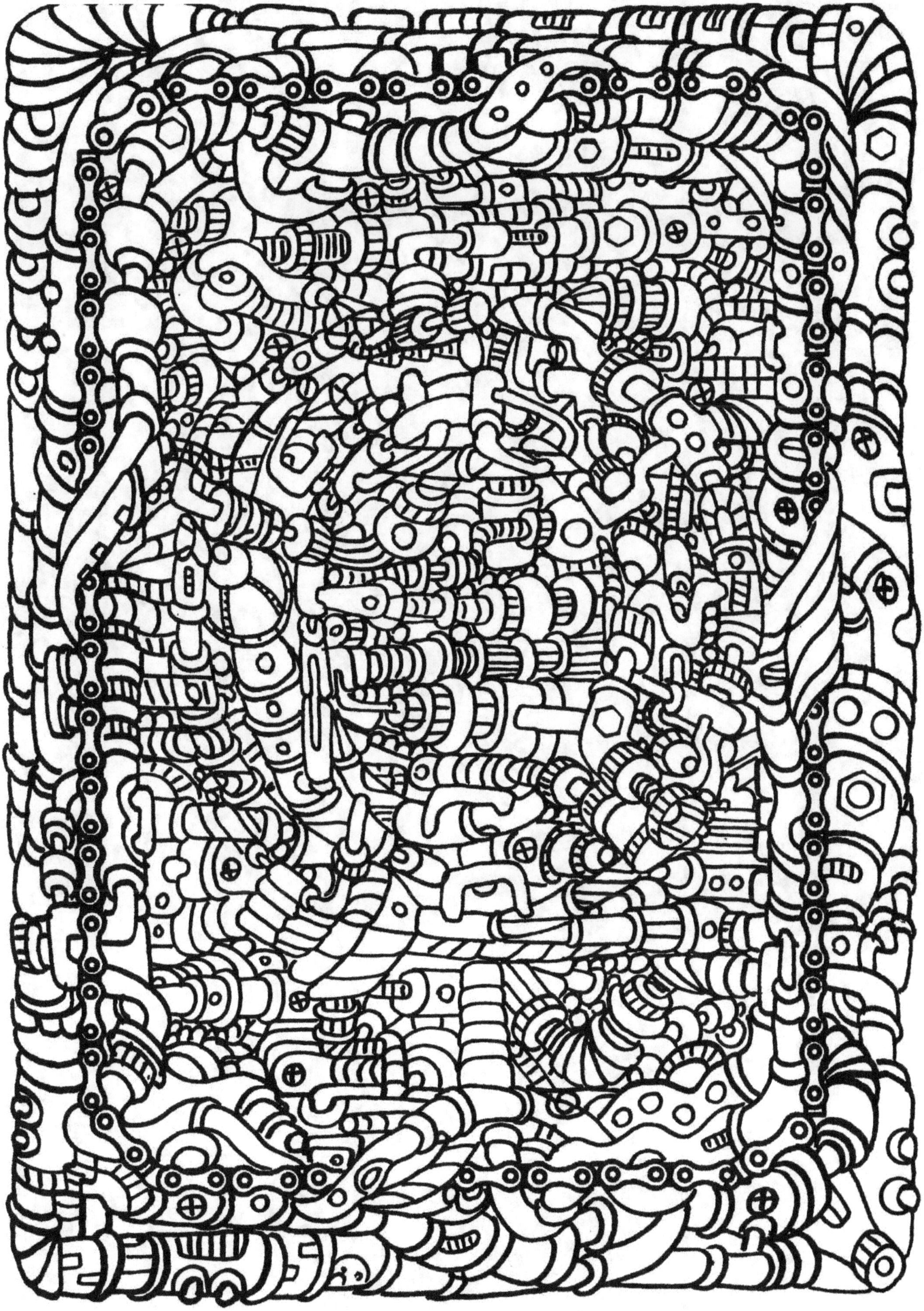

www.ingramcontent.com/pod-product-compliance
Lightning Source LLC
Chambersburg PA
CBHW081906170526
45167CB00007B/3175
* 9 7 8 1 5 4 2 9 6 5 3 1 6 *